AF309729

CHEMIN DE FER D'INTÉRÊT LOCAL

PROJETÉ

DE ROUEN A MAROMME.

PROTESTATION A L'ENQUÊTE

CONTRE

L'établissement de ce chemin

PRODUITE PAR LA

COMPAGNIE GÉNÉRALE DES OMNIBUS LES ROUENNAISES,

ADRESSÉE

A MONSIEUR LE SÉNATEUR-PRÉFET

ET

A MESSIEURS LES MEMBRES

DU

CONSEIL GÉNÉRAL

De la Seine-Inférieure.

SESSION DE 1866.

CHEMIN DE FER D'INTÉRÊT LOCAL

PROJETÉ

DE ROUEN A MAROMME.

PROTESTATION A L'ENQUÊTE

CONTRE

L'établissement de ce chemin

PRODUITE PAR LA

COMPAGNIE GÉNÉRALE DES OMNIBUS LES ROUENNAISES.

Le soussigné, Gérant de l'entreprise générale des Omnibus *les Rouennaises*, dont le siége est à Rouen, place des Arts, n° 6, qui a pris connaissance du projet présenté par MM. Girard et Ch. Lapierre, pour l'établissement d'un chemin de fer d'intérêt local, de Rouen à Maromme, et des pièces déposées à la Préfecture de la Seine-Inférieure à l'appui dudit projet, proteste contre l'établissement de cette voie ferrée par les motifs qui suivent :

La loi du 12 juillet 1865 sur les chemins de fer d'intérêt local devait naturellement avoir pour résultat de développer dans notre département l'initiative de l'Administration départementale et de l'industrie particulière, et de conduire à l'étude de certains chemins de cette nature qu'il pourrait être utile d'établir dans notre contrée, et ainsi qu'à

1

la recherche des moyens d'arriver à leur construction et à leur exploitation.

Il n'est donc pas étonnant que l'éminent Administrateur qui est à la tête de notre département se soit mis immédiatement à l'œuvre pour rechercher les points qu'il pourrait être utile de relier par un chemin de fer d'intérêt local, et qu'il ait saisi le Conseil général de cette grave question, dans sa dernière session.

Il n'est pas davantage surprenant que le Conseil général de la Seine-Inférieure se soit complètement associé aux vues de M. le Sénateur-Préfet, et qu'il se soit, pendant sa session, livré à une étude approfondie des différents projets mis sous ses yeux.

Mais M. le Sénateur-Préfet et le Conseil général ont reconnu et admis qu'il n'était pas possible de s'engager dans une aussi vaste entreprise sans une étude des plus scrupuleuses des voies et moyens, sans avoir mis dans la balance les divers intérêts auxquels il peut être donné satisfaction par l'établissement d'un chemin de fer d'intérêt local, et ceux de ces intérêts qui demandent la satisfaction la plus immédiate, comme présentant un caractère d'utilité publique, plus général et plus complet. Et si, en principe, il a admis la création dans le département de chemins de fer d'intérêt local, en prenant pour base les données de la loi du 12 juillet 1865, le *Conseil général*, toutefois, en s'associant aux sages considérations du rapporteur de la Commission qu'il avait spécialement chargée de l'étude de cette question, *a déclaré que ces chemins ne devraient être autorisés qu'autant qu'ils seraient bons, utiles, productifs et qu'il ne pourrait résulter de leur exploitation aucune déception pour les populations qui auraient concouru à leur établissement.*

Le rapport dont il vient d'être question, en proposant l'ajournement provisoire des chemins de fer vicinaux, qui pourront être construits dans le département, concluait, en deuxième lieu, à l'adoption immédiate du projet relatif au chemin de fer de Rouen à Maromme.

Après un **nouvel** examen par la Commission spéciale de cette

deuxième partie du rapport, il a été décidé que plusieurs des forma-
lités d'instruction prescrites par la loi de 1865 n'ayant pas été
accomplies en ce qui touche le chemin de fer de Rouen à Maromme,
un obstacle insurmontable s'opposait à l'adoption immédiate du
projet et qu'il y avait lieu d'ajourner la question à une prochaine
session.

Depuis la session du Conseil général, les études du chemin de fer
dont il est question ont été achevées, rectifiées ou modifiées ; les
éléments du trafic de cette voie ont pu être recueillis d'une manière
plus complète, et la question de l'établissement de ce chemin
de fer d'intérêt local en est arrivée à pouvoir être mise à l'enquête.

Il s'agit d'examiner quelle est l'économie du projet.

Dans l'avant-projet soumis au Conseil général, MM. Girard et
Ch. Lapierre demandaient la concession d'un chemin de fer d'intérêt
local de Rouen à Maromme, avec traction au moyen de machines
locomotives, et offraient de se charger, à leurs risques et périls, des frais
de construction et d'exploitation.— Ils ne réclamaient du département
aucune subvention pécuniaire, pourvu que l'Administration consentît
à effectuer l'élargissement de la partie du chemin de grande communication, n° 66, déjà livrée à la circulation, et la construction de la
partie de ce chemin comprise entre l'usine Laveyssière et sa jonction
avec la route impériale n° 14.

Les soumissionnaires devaient prendre à leur charge l'élargissement de la première partie, soit 100,000 fr. sans remboursement
ultérieur ; quant à l'ouverture de la deuxième section, évaluée à
200,000 fr., MM. Girard et Lapierre offraient d'en faire, sans intérêt,
l'avance au département, qui rembourserait cette avance au moyen de
douze annuités égales de 16,666 fr. l'une.

Pour la partie entre Rouen et le point où commence, sur la route
impériale n° 14, le chemin de grande communication n° 66, la voie
ferrée devait être établie sur les quais, puis, sur l'une des contre-allées
de l'avenue du Mont-Riboudet. Arrivée sur le chemin d'intérêt

commun n° 66 , la voie de fer s'établissait également sur l'un de ses côtés.

Aujourd'hui, si les dispositions prises pour l'établissement de la voie paraissent être restées à peu près les mêmes , il ne semble pas en être de même des conditions auxquelles les soumissionnaires consentiraient à se charger de la construction et de l'exploitation de ce chemin.

On lit, en effet, dans le mémoire présenté à l'appui de leur demande, *que de l'étude complémentaire qu'ils ont faite de l'établissement de ce chemin de fer, il est résulté pour eux l'obligation d'apporter dans leurs propositions primitives quelques modifications* qui, disent-ils, ne s'écarteront pas sensiblement des bases sur lesquelles reposait, dès le début, l'avant-projet, *mais qu'ils ne jugent pas, toutefois, à propos de soumettre à l'enquête ouverte, le moment n'étant pas venu d'examiner ces conditions.*

Cette réserve peut paraître étrange, et on comprend difficilement par quel motif la demande de MM. Girard et Ch. Lapierre ne se produit pas complète à l'enquête.

Pour justifier l'utilité de l'établissement de ce chemin de fer, les auteurs du projet allèguent que les nombreux établissements industriels de la vallée *réclament* l'établissement de ce chemin , qui leur facilitera leur approvisionnement de matières premières, l'expédition de leurs produits manufacturés et leur évitera les transbordements onéreux, les dépréciations, les pertes de temps et les augmentations de prix de transport d'un camionnage par terre, qui sont la conséquence de leur isolement de la Seine et des quais, de la ligne de l'Ouest et de celle de Rouen à Amiens.

Selon les auteurs du projet, *il résulterait pour les industriels de la vallée, une économie de plus de 50 0/0 sur le transport des grosses matières et de 70 à 80 0/0 sur celui des produits sortant des établissements.*

A ces allégations, on peut objecter que cette opinion est loin d'être partagée par les industriels de la vallée qui, à deux ou trois exceptions près, voient d'un œil très indifférent l'établissement de ce chemin, parce qu'ils comprennent facilement, qu'en raison de son faible parcours, il ne pourra leur être d'aucune utilité sérieuse, et que la nouvelle voie ne pourra leur procurer aucun avantage, ni au point de vue de l'économie des transports, ni au point de vue de la célérité, sur les transports par terre, et que, d'ailleurs, ce chemin de fer n'est appelé à transporter ni les matières premières employées dans leurs établissements, ni les produits manufacturés qui en sortent. Ces derniers, en effet, que ce soit des cotons filés, des calicots ou des indiennes, auront toujours plus d'avantage à être transportés directement de la fabrique dans les dépôts ou chez les commissionnaires, précisément pour éviter ces transbordements si onéreux, qui seraient la conséquence de l'emploi de la voie de fer, alors que la distance moyenne de ces établissements à la ville n'est pas supérieure à 4 ou 5 kilomètres.

En ce qui concerne les matières premières, une partie seulement des charbons du Nord ou de la Belgique, celle arrivant par le chemin de fer d'Amiens à Rouen, pourra être avantageusement dirigée sur les établissements industriels. — Mais on sait que ces charbons n'entrent que pour 45 0/0 dans la consommation de la vallée, et que la partie qui en arrive par eau à Rouen ou, par l'embranchement de Grand Parc, à Maromme, échappera nécessairement à la voie projetée.

Les produits chimiques, dont nos grands établissements de Quevilly et Lescure approvisionnent la vallée, les bois de teinture, les cotons, ne sont pas davantage appelés à entrer dans l'élément de trafic de cette voie.

Quant à la prétendue économie qui devra être réalisée par le chemin projeté sur les transports, on verra plus loin ce qu'il faut en penser en comparant avec le prix des transports par terre ceux qui seront le résultat de l'emploi de cette voie ferrée.

Venant ensuite à examiner les éléments de trafic du chemin de fer projeté, les concessionnaires calculent sur un transport annuel de 63,730 tonnes et de 200,000 voyageurs, s'attribuant la totalité du transport des marchandises et les deux tiers du transport actuel des voyageurs déjà si développé par les nombreux services des Omnibus ; puis, appliquant à ces éléments du trafic le tarif qu'ils proposent et qui n'est pas moindre de 20 centimes par tonne et par kilomètre pour les marchandises, et de 6 centimes par kilomètre pour les voyageurs, ils prétendent que leur entreprise ne peut être que profitable pour les capitaux auxquels il sera fait appel, de même qu'elle sera des plus utiles à l'intérêt général.

Il convient d'examiner si les avantages du chemin projeté sont aussi sérieux que les auteurs du projet veulent bien le dire, tant au point de vue des capitaux qui viendraient apporter leur concours à l'entreprise qu'au point de vue de l'intérêt public, et si, l'affirmative étant admise, il n'y a pas d'objections graves à faire au projet d'établissement de cette voie, si l'on admettait que sa construction dût avoir lieu conformément aux plans soumis à l'enquête.

ÉTABLISSEMENT DE LA VOIE.

La ligne projetée, depuis son origine jusqu'à la hauteur de l'avenue de la Madeleine, suit les quais ; arrivée à ce point, elle traverse la route impériale n⁰ 14 à niveau et vient s'établir, soit au milieu de la contre-allée de droite de l'avenue du Mont-Riboudet, soit entre la ligne d'arbres extérieure et la bordure du trottoir qui longe la chaussée, en empruntant le trottoir qui serait, dans ce cas, élargi d'un mètre.

Elle conserve cette situation jusqu'à la jonction de l'ancienne route du Havre, qu'elle traverse à niveau pour venir s'établir sur le trottoir de droite de la route impériale n⁰ 14. Elle suit ce trottoir presque jusqu'à la hauteur de l'octroi, qu'elle contourne pour aboutir de nouveau à la route impériale n⁰ 14, au point d'embranchement du chemin de grande communication n⁰ 66; puis, après avoir de nouveau traversé la route impériale n⁰ 14, elle vient s'établir sur le centre dudit chemin.

Que ce tracé soit le plus économique pour l'établissement de la voie, on le comprend aisément, puisqu'il dispense de toute expropriation dans tout le parcours jusqu'à la hauteur de la barrière du Havre ; mais est-ce une raison suffisante pour l'adopter, s'il doit être une gêne considérable pour la circulation des piétons, chevaux et voitures, tellement active aux abords de Rouen, et si, surtout, il doit être la source de dangers incessants et d'accidents incalculables?

Tel est cependant le cas.

Il est facile de se faire une idée du trouble que l'établissement de cette voie sur les quais apportera dans le service du port pour le chargement et le déchargement des marchandises arrivant par eau, et leur enlèvement pour être transportées dans les magasins de la ville, ainsi que pour le charroi des nombreux colis arrivant à quai pour être embarqués.

Pour imposer une pareille gêne au commerce, il faut un intérêt bien puissant, comme celui qui s'attache à l'établissement d'une ligne importante; mais, alors que l'intérêt est aussi minime que celui qui sera la conséquence de l'établissement de la voie projetée, on se rend difficilement compte qu'on puisse ainsi sacrifier les intérêts, cependant si respectables, du commerce de place de la ville.

En ce qui concerne l'établissement de la voie parallèlement à la route impériale n° 14, soit dans la contre-allée, soit sur le trottoir de cette route, il n'est pas moins étrange que l'on vienne ainsi jeter le trouble et la perturbation dans la circulation publique et dans la jouissance des propriétés riveraines.

Que dire aussi de cette prétention qui ressort de l'exposé de l'avant-projet, *d'établir la voie de fer comme sur une sorte de trottoir formé par le ballastage et protégé par des bordures qui seront en même temps une sauvegarde suffisante pour le public* sur toute la partie longeant la route impériale et surtout sur le chemin n° 66, sauf, bien entendu, les passages à niveau ?

Ce trouble dans la jouissance, toutefois, pourrait n'être qu'une question d'indemnité en ce qui concerne les riverains; mais a-t-on songé sérieusement aux graves inconvénients de faire marcher ainsi parallèlement et la voie de terre et la voie de fer, sans isoler celle-ci, non pas seulement par une clôture rigide et infranchissable, mais bien par une clôture pleine, d'au moins 3 mètres de hauteur, ainsi que cela a été pratiqué sur la ligne de Paris à Rouen dans les points où la voie de fer est contiguë et parallèle à l'ancienne route de terre, cependant si peu fréquentée aujourd'hui ?

S'est-on bien rendu compte des accidents nombreux qui seront inévitablement la conséquence de l'emprunt de la voie de terre par la voie de fer, si celle-ci n'en est pas complètement isolée par une clôture pleine?

A-t-on pu ne pas prendre en considération l'immense circulation des chevaux et voitures sur cette entrée de Rouen (2079 colliers par jour)? — A-t-on pu perdre de vue le nombre si considérable de voitures de maître qui sillonnent cette route et qui, attelées de chevaux d'une nature nécessairement plus impressionnable que les chevaux de gros trait et même que les chevaux de trait léger, donneront évidemment lieu à des accidents dont les conséquences sont incalculables?

N'a-t-on pas présent à la mémoire le funeste accident de Neufchâtel, qui vient de se reproduire, aux conséquences près, dans notre cité, dans le milieu de la semaine dernière, rue Lafayette, où une citadine a été broyée par un train de marchandises arrivant cependant avec une vitesse égalant à peine le pas accéléré d'un piéton, vitesse qui ne doit jamais être dépassée pour le service de la gare de Saint-Sever, mais qui ne saurait être celle d'un service ayant la prétention de porter des voyageurs?

N'a-t-on donc point eu connaissance de plusieurs accidents qui se sont produits à Paris lors des essais de la locomotive à vapeur, marchant sur routes ordinaires, de M. Lotz, de Nantes ?

Les essais de cette locomotive avaient d'abord été autorisés dans l'avenue des Champs-Elysées, mais bien qu'il s'agît là seulement d'une locomotive de la plus petite dimension, d'une dixaine de chevaux de force, et qu'elle n'eût pas à sa suite cette longue série de wagons qui entrent ordinairement dans la composition d'un train et dont l'aspect comme le bruit strident sont une cause bien plus déterminante de frayeur pour les chevaux, on dut de suite retirer l'autorisation donnée et ne tolérer les essais que sur un point très peu fréquenté, tel que les quais bordant la rive gauche de la Seine, entre le pont des Invalides et le pont d'Iéna.

L'exposant croit devoir observer que, le 15 décembre dernier, pendant qu'il assistait aux expériences de cette locomotive, il a été témoin que la plupart des chevaux, qui passaient au moment où la locomotive était en marche, étaient effrayés au point de faire des écarts violents ; qu'à un moment et pendant que la Commission des mines assistait aux expériences, les chevaux d'un coupé débouchant par le pont de l'Alma s'emportèrent, après avoir fait un écart, brisèrent le timon et faillirent faire verser la voiture, qui n'en a été préservée que par la masse de personnes réunies sur le lieu de l'accident pour assister aux expériences et qui ont pu, les unes en se jetant à la tête des chevaux, les autres en soutenant la voiture prête à verser, empêcher un accident grave d'arriver (1).

Aussi, l'exposant proteste-t-il avec la plus grande énergie contre

---

(1) Un fait tout récent qui s'est produit le 9 août 1866, à Argentan, est une nouvelle preuve des dangers que ferait naître la communauté des voies de fer et des voies de terre.

On lit, en effet, dans le journal *l'Ordre et la Liberté de Caen*, qu'à cette date Mgr l'évêque de Seez a échappé comme par miracle à un funeste accident.

Il quittait Argentan dans sa voiture au moment où un train du chemin de fer partait. Le cheval attelé à cette voiture, effrayé par le bruit que faisait le train, s'emporta sur la route vers l'endroit où la ligne ferrée la coupe à niveau, renversa la barrière fermée et s'élança sur la voie au moment où le train arrivait à la traverse sans, heureusement, que la locomotive ait fait autre chose que d'effleurer l'arrière de la voiture.

Après le passage du train le cheval s'étant calmé s'arrêta, et Monseigneur qui venait de courir un si grave danger put se transporter vers son domestique qui avait sauté à terre avant la barrière, et qu'il trouva gisant, immobile et couvert de sang, bien que ses blessures ne parussent point, en réalité, présenter de gravité.

Si déjà de tels faits peuvent se produire sur des chemins de fer isolés par des clôtures, que sera-ce sur des chemins où la circulation sera commune et aux voitures de terre et aux trains de chemins de fer ?

l'établissement du chemin projeté parallèlement à la route impériale n° 14, si ce chemin ne doit en être isolé par une clôture pleine, de 3 mètres de hauteur.

Sans doute, cette obligation d'isoler la voie non-seulement par des clôtures ordinaires, mais par des clôtures pleines, est de nature à bouleverser toute l'économie du projet soumis à l'enquête, mais il n'est pas possible de songer, pour donner satisfaction à quelques intérêts particuliers ou même à un intérêt public aussi peu important que l'est celui qui doit être la conséquence de l'établissement du chemin de fer de Maromme, de compromettre la sécurité de l'innombrable quantité de personnes qui usent et useront toujours de la voie de terre.

En ce qui le touche particulièrement, l'exposant croit devoir faire observer que, pendant l'été et à certains jours, les voitures de la Compagnie qu'il représente font un départ tous les quarts d'heure de Rouen comme de Maromme, qu'il s'effectue, de 7 heures du matin à 11 heures du soir, plus de 125 passages d'Omnibus toujours chargés, surtout sur l'impériale, et il appelle toute l'attention de l'Administration sur les conséquences graves qui pourraient être la suite d'un accident arrivant à un Omnibus chargé de vingt-quatre personnes, dont les chevaux, à l'arrivée d'un train, viendraient à faire un écart violent. La verse de la voiture s'en suivrait nécessairement, et on peut dès-lors apprécier quelles seraient les conséquences d'un tel accident.

Or, si le chemin de fer projeté peut être considéré comme offrant au public de certains avantages, il ne faut pas perdre de vue que le service des Omnibus en rend, pour le moins, d'aussi importants qu'il est bon de ne pas méconnaître, et ce serait faire preuve d'une grande imprévoyance que de ne pas prendre des dispositions pour éviter aux 300,000 voyageurs que les Omnibus transportent annuellement et aux nombreuses voitures particulières qui sillonnent cette voie de terre la chance d'accidents aussi graves que ceux qui se produiraient inévitablement si, le chemin de fer étant autorisé à emprunter la route de terre, il n'était pas isolé par une clôture pleine.

Il est à remarquer, du reste, que cette idée de faire emprunter, pendant tout son parcours, la voie de terre au chemin de fer, est toute nouvelle et ne s'est encore produite nulle part en France. Les chemins de fer d'intérêt local de l'Alsace sont tous établis sur des terrains qui leur sont particuliers, et aucun d'eux n'offre l'exemple de cette étrange et dangereuse communauté que l'on cherche à introduire pour le chemin de Rouen à Maromme (1).

Si une expérience de cette nature devait jamais être faite, on comprendrait, jusqu'à un certain point, qu'on la tentât sur une route peu fréquentée, mais on ne s'explique pas qu'on ne craigne point de recourir à ce système plein de dangers sur une route aussi fréquentée que l'est la route impériale nº 14, aux abords de Rouen, et même sur le chemin d'intérêt commun nº 66 lui-même.

Peut-être fera-t-on remarquer qu'à Nantes le chemin de Nantes à Saint-Nazaire est établi sur la ligne des quais. Ce cas ne présente pas les mêmes dangers que l'établissement sur la voie même suivie par les voitures. Il faut, du reste, observer qu'à Nantes cette partie du chemin de fer est également séparée par une clôture, et que les trains, tant qu'ils sont sur la voie empruntant les quais, ne marchent qu'à une vitesse de 5 kilomètres à l'heure (2).

---

(1) Les inconvénients de cette communauté sont indiqués dans le rapport de la Commission d'enquête instituée par arrêté Ministériel du 5 novembre 1861, sous la présidence de M. Michel Chevalier, et ayant pour objet l'étude de la construction et de l'exploitation, à bon marché, des chemins de fer, dans lequel on lit la phrase suivante :

« Si le personnel et l'organisation technique et financière des chemins vicinaux se « prêtent merveilleusement à la création des chemins ferrés vicinaux, ce n'est qu'à la « condition qu'on se renfermera dans les limites que la force des choses trace aux deux « systèmes qui peuvent se **souder** et se **succéder**, mais *non* **se superposer** « *et* **se confondre.** »

(Extrait du *Recueil des Documents officiels sur les chemins vicinaux du Bas-Rhin*, p. 581. — Vᵉ Berger, Levrault et fils, rue des Saint-Pères, 8, Paris).

2) On sait d'ailleurs que la ville de Nantes regrette vivement aujourd'hui de ne s'être point opposée à ce que la Compagnie de l'Ouest soit autorisée à établir un chemin de

Cette opinion, relativement à la nécessité d'isoler les chemins de fer
(même ceux étant établis sur une voie spéciale) par des clôtures, est
partagée par les hommes pratiques.

C'est ainsi qu'on lit dans une brochure intitulée : *Les chemins de
fer en 1865*, par Alfred Férot, ancien chef de mouvement de la Compagnie de l'Ouest (Paris, E. Dentu, galerie d'Orléans, Palais-Royal,
page 48), le passage suivant :

‹ Quant à la suppression des clôtures, c'est une économie insigni-
‹ fiante : 3,000 fr. par kilomètre, et, d'autre part, une simplification
‹ impossible dans beaucoup de pays, à raison des dangers qu'elle offri-
‹ rait. *Ainsi, dans les pays où s'élèvent les bestiaux*, dans ceux où on
‹ les engraisse *et dans le voisinage des routes qu'ils parcourent*, il y
‹ aura le plus grand danger à supprimer les clôtures. Il suffit pour
‹ s'en rendre compte de relever les accidents survenus sur certaines
‹ lignes par le fait de l'introduction des bestiaux sur la voie, malgré
‹ les clôtures. ›

Les observations de M. Férot se réfèrent à des chemins de fer établis sur une voie particulière, à plus forte raison s'appliquent-elles à
un chemin de fer qui doit emprunter, pour la suivre dans tout son
parcours, une voie de terre qui, elle-même, se trouve fréquentée à
certains jours par de nombreux bestiaux enlevés du marché de
Rouen.

Quant aux auteurs du projet, ils admettent que les clôtures seront
inutiles et que la sécurité publique n'exige pas que la voie de fer soit
séparée de la voie de terre qu'elle emprunte, par une clôture rigide et
infranchissable.

---

fer sur les quais. — Les inconvénients les plus graves et de nombreux accidents ont été
la conséquence de cet emprunt des quais de Nantes par la voie ferrée et l'on ne doute
pas que l'on ne soit amené, par la force des choses, à reporter cette voie *extrà-muros*.
Ces faits ressortent de documents produits à la Commission du Conseil municipal de
Rouen chargé de formuler un avis sur l'utilité et la convenance du chemin de fer
d'intérêt local de Rouen à Maromme.

A l'appui de leur prétention, ils allèguent que si la vitesse des trains devait dépasser 25 kilomètres à l'heure, l'isolement de la voie de terre serait indispensable ; mais que la vitesse étant limitée à 24 kilomètres à l'heure, et les voitures ordinaires, parcourant la voie de terre, le faisant avec une vitesse qui atteint souvent 20 kilomètres et même 22 kilomètres à l'heure, on est autorisé à se demander si des clôtures sont nécessaires et si ces clôtures doivent être rigides et infranchissables.

En vérité, un pareil raisonnement n'est pas sérieux, et la conclusion que les auteurs du projet cherchent à tirer de la vitesse relative des voitures suivant la voie de terre, a bien peu de fondement.

Qui admettra, en effet, que les voitures sur terre marchent à la vitesse indiquée et exagérée de presque moitié ?

Tout le monde ne sait-il pas que cette vitesse ne dépasse pas 12 kilomètres à l'heure, et que, du reste, il est toujours aisé d'arrêter presque instantanément les voitures légères qui marchent à cette vitesse, tandis qu'il en est tout autrement d'un train lancé à une vitesse de 24 kilomètres à l'heure. Le danger de l'absence des clôtures reste donc évident.

Ainsi qu'on a pu le voir au début de l'exposé concernant l'établissement de la voie, le chemin de fer projeté comportera, entr'autres, trois passages à niveau importants : deux sur la route impériale no 14, à la hauteur de l'avenue de la Madeleine et à celle du chemin de Bapeaume, après la barrière du Havre ; le troisième sur l'ancienne route du Havre.

L'exposant proteste contre l'établissement des deux passages à niveau, que le tracé suivi rend nécessaires sur la route impériale no 14, comme étant de nature à apporter un trouble considérable dans le service public qu'il exploite, en compromettant la régularité du service des correspondances qui ne peuvent s'effectuer qu'à la condition d'être entièrement maître de la durée et de la régularité du parcours.

Or, ce service des correspondances sera entravé et deviendra im-

possible pour toutes les voitures qui auront dû être retardées, comme
ce sera le cas, à chacun des passages à niveau, au moment de l'arrivée
des trains.

Les auteurs du projet exposent que deux ou trois minutes avant
l'heure du passage des trains, la voie sera interdite, et comme il
pourra arriver souvent qu'un train soit de cinq ou de dix minutes en
retard sur l'heure réglementaire, on comprend, dès lors, quel trouble
sera apporté dans le service des correspondances et quels retards on
imposera au voyageur, lorsque ce fait pourra se produire deux fois
dans un même trajet.

L'exposant proteste surtout contre le passage à niveau qui sera
établi un peu au-dessus de la barrière du Havre où se produira un
encombrement considérable, surtout à certaines heures et à certains
jours, conséquence inévitable de la double interruption de la circulation et au point de croisement et, quelques mètres plus bas, à l'octroi
de Rouen.

DÉPENSES D'ÉTABLISSEMENT DE LA VOIE.

Pour arriver à savoir si le chemin de fer projeté offre toute sécurité aux capitaux auxquels il sera fait appel et s'il sera une entreprise
profitable, il y a lieu de contrôler les calculs établis par les auteurs
du projet, 1o concernant les dépenses d'établissement de la voie,
2o les éléments du trafic et de son produit, 3o les dépenses d'exploitation, pour en déduire les résultats nets.

Si on entre dans l'examen des dépenses d'établissement de la voie
on est conduit à faire les remarques suivantes :

L'absence de données sur les sous-détails par lesquels on arrive à
établir le chiffre des indemnités et le prix des terrassements, ne
permet pas de contrôle sur ce point. — On admettra donc, *provisoirement* et sous réserve, les chiffres portés à cet effet à l'avant-
projet, ainsi que la dépense nécessitée par les ouvrages d'art, le ballast

et les travaux qu'entraîneront la pose de la voie sur les quais et le trottoir de la route impériale n° 14, et par les bordures destinées à soutenir le ballast et à *former trottoir de chaque côté des rails dans la partie du chemin de grande communication n° 66, où la voie empruntera le milieu de la chaussée.*

Sous ce dernier rapport cependant, il est permis de se demander si l'établissement de ces bordures ou murettes présentera une solidité suffisante pour résister aux avaries, qui seront la conséquence du passage sur la voie de fer des voitures lourdement chargées, affectées aux charrois, par terre, des charbons et matières premières destinées aux usines.

Sans doute, la substitution des murettes aux doubles rails présente, au premier abord, une économie importante, mais n'entraînera-t-elle pas à de fréquentes et dispendieuses réfections.

Quant à la dépense concernant la voie de fer elle-même, il paraît difficile d'admettre le poids du rail à 30 kilog., comme le porte le projet. La voie, en effet, devant se relier avec le chemin de fer du Nord, devra être disposée de façon à supporter, sans crainte de réfection, les charges ordinaires des wagons du chemin du Nord et des locomotives, qui, en raison de la forte inclinaison des rampes à gravir, devront être pesantes.

Il y a donc lieu de ramener ce poids à 35 kilog. par mètre de rail ou 70 kilog. par mètre de voie, poids admis, du reste, pour les chemins de fer départementaux de l'Alsace. (1)

Cette modification du poids des rails augmente la dépense d'un 1/6e et la porte à 17 fr. 50 par mètre de voie au lieu de 15 fr., soit une augmentation pour les 6,109 mètres de voie de 15,272 fr., plus 1/5e pour voies de garages et passages à niveau 3,055 fr. ; ensemble 18,327 fr.

---

(1) Voyez *Notice sur les Chemins de fer départementaux*, par MM. Marx, Varroy et Jundt, ingénieurs des Ponts et Chaussées. Paris, Dunot, éditeur, 1865.

Ce n'est pas là la seule modification à apporter à ce chapitre. En effet, toute la partie des quais, qui ne comprend pas moins de 984 mètres, devra être établie avec doubles rails pour rendre possible le passage des voitures faisant l'enlèvement des marchandises du port ou apportant celles qui doivent être embarquées. Or, cette dépense a été complètement omise dans l'avant-projet, qui comporte bien, dans l'estimation de la dépense de la voie, 1/5e en sus de la longueur totale pour le service des gares et des passages à niveau soit publics, soit particuliers; mais qui ne comprend, en aucune façon, les doubles rails à poser sur tout le parcours des quais, sur une longueur de 984 mètres qui est presque le sixième du parcours total. Ces 984 mètres de quais, à 17 fr. 50 d'augmentation par mètre, donnent une somme de 17,220 fr. à ajouter aux dépenses.

On ne mentionnera que pour mémoire la dépense à ajouter pour le chapitre clôtures qui, dans le projet, ne comprend que les clôtures et barrières qu'il pourra être utile de placer aux différents passages à niveau publics et les abris des gardes, et ne suppose pas qu'il soit reconnu indispensable d'isoler complètement le chemin de fer de la voie publique soit par des clôtures sèches ou vives, soit même par des clôtures pleines sur certains points.

Résumant ces diverses observations sur le coût des frais d'établissement, on voit que *sans même tenir compte de la dépense qu'entraînerait une clôture continue*, il y a lieu d'ajouter aux dépenses prévues et s'élevant à. 940,000 fr.

1º Pour augmentation de 5 kilog. par mètre de rail ou 10 kilog. par mètre de voie. 18,327

2º Pour doubles rails à poser sur les quais, 984 mètres à 17 fr. 50. 17,220

3º Clôtures continues et pleines, de 2 mètres 60 à 3 mètres de hauteur, sur partie du parcours. . . . . mémoire

A reporter. . . . . . 975,547 fr.

Report. . . . . 975,547 fr.

4º Clôtures ordinaires pour le surplus et barrières
supplémentaires, à 3 fr. par mètre. . . . .   mémoire

5º Sommes à valoir pour dépenses imprévues. . . .   453

Total des frais d'établissement. . . . . .   976,000 fr.
soit par kilomètre 159,764 fr.

Cette dépense de 159,764 fr. par kilomètre est-elle exagérée ?
Évidemment non.

Si, en effet, on consulte l'ouvrage déjà cité de M. Alfred Férot, on
y lit, page 51, ce qui suit :

« Ainsi les chemins de fer d'intérêt local, établis le plus écono-
« miquement possible et ne devant assurer qu'un faible trafic, coû-
« teraient, suivant le pays où ils seraient établis, de 132 à 240,000 fr.
« par kilomètre, *sans y comprendre le prix des wagons de marchan-*
« *dises devant entrer dans la composition du matériel*, supposés loués
« à la grande ligne à laquelle le chemin doit se rattacher. — Ces
« chiffres devraient être augmentés si le trafic à assurer avait
« quelqu'importance, attendu que les gares, dans le devis établi par cet
« ingénieur, ne comportent que des aménagements et un matériel
« excessivement réduits. — Telle est la vérité en dehors de laquelle
« il n'y a que mécompte et déceptions à attendre. »

Et dans un autre passage du même ouvrage, page 44 :

« J'ai dit dans le premier chapitre que les chemins comprenant
« l'ancien réseau ont coûté 468,000 fr. par kilomètre. — Il est vrai
« que la plupart de ces chemins sont à double voie ; mais la différence
« de dépense d'établissement qui existe entre un chemin à deux voies
« et un chemin à une seule voie étant d'environ 25 0/0, il s'en suit
« que la dépense de l'ancien réseau eut été de 350,000 fr. environ par
« kilomètre si toutes les lignes avaient été établies à une voie
« unique.

« Ainsi l'ancien réseau des chemins de fer du Midi, qui comporte un

« grand nombre de lignes à une seule voie, a coûté 418,000 fr. par
« kilomètre.

« Or, *lorsque l'exposé des motifs de la loi sur les chemins de fer*
« *d'intérêt local offre comme modèle à suivre les chemins d'Alsace*
« *qui, avec la largeur ordinaire, n'ont coûté que 100,000 fr. et*
« *120,000 fr. par kilomètre,* on se sent disposé à penser qu'il existe
« entre ces chemins de fer et les chemins ordinaires des conditions
« d'établissement absolument différentes, ou bien que les grandes
« Compagnies ont mal administré : car *leurs chemins ont coûté trois*
« *fois plus que ne devraient coûter les chemins d'intérêt local, si l'on*
« *s'en rapportait aux exemples qui ont été produits par l'exposé de*
« *motifs.*

« *Tous les hommes étrangers aux chemins de fer posent ce dilemme.*
« Je l'ai entendu résoudre en sens divers ; *mais j'ai pu constater*
« *partout la trace d'une erreur regrettable* qu'il faut attribuer d'une
« part au choix qu'on a cru devoir faire de lignes exceptionnelles
« comme types à suivre, et *d'autre part à la façon un peu légère dont*
« *on a établi le coût de ces lignes.*

« *Il en est résulté qu'aujourd'hui tout le monde est persuadé en*
« *France qu'on va faire des chemins à 100,000 fr. le kilomètre.*

« TELLE EST L'OPINION DANGEREUSE QU'IL EST NÉCESSAIRE DE
« DÉTRUIRE. »

Puis, après avoir examiné séparément chaque chapitre des dépenses
d'établissement des chemins de fer d'intérêt local, et vu les économies
qu'il y avait à réaliser sur les dépenses faites par les grandes Compagnies, M. Alfred Férot ajoute, page 48 :

« Tous les autres chapitres de dépenses peuvent assurément donner
« lieu à des économies sur ce que font les grandes Compagnies ; mais
« ce n'est pas de ces économies qu'il faut attendre la réduction de la
« dépense de 440,000 fr. à 100,000 fr. par kilomètre.

« *Non, le prix de 100,000 fr. à 120,000 fr. mis en avant et* ADOPTÉ
« AVEUGLÉMENT *par les hommes étrangers aux chemins de fer est un*
« *prix* IMPOSSIBLE *et* INEXACT. »

IMPORTANCE DU TRAFIC.

§ Ier. — MARCHANDISES.

Les soumissionnaires du chemin de fer projeté évaluent à **63,730** tonnes par an le trafic auquel donnent lieu les quarante établissements industriels de la vallée, qui doivent être desservis par le chemin de fer, et ils décomposent ce trafic comme suit:

Charbons.	27,750	tonnes.
Matières premières.	19,075	—
Produits manufacturés. . . .	16,905	—
Total.	63,730	tonnes.

Il est à regretter que les auteurs du projet n'aient pas cru devoir, comme c'est l'usage dans toutes les études sérieuses de chemins de fer, diviser par natures différentes les diverses sortes de matières premières consommées par ces établissements et les différents produits manufacturés. Il eut été plus facile, pour les personnes appelées à juger de l'utilité et de l'opportunité de ce chemin de fer, de se faire une idée exacte de ce qui, sur ce trafic général, devait profiter à la nouvelle voie ou lui échapper nécessairement.

Il sera possible, toutefois, de suppléer, jusqu'à un certain point, à cette lacune, et c'est ce que l'exposant compte faire pour établir les exagérations dans lesquelles sont tombés les auteurs du projet pour apprécier le tonnage dont le chemin projeté devra nécessairement profiter.

Ainsi, en ce qui concerne les charbons de terre, il est inouï que les auteurs du projet s'attribuent la totalité du transport de cette matière importante.

MM. Girard et Ch. Lapierre raisonnent comme si nos usines de la vallée devaient exclusivement être alimentées par les places du Nord, du Pas-de-Calais et de la Belgique; mais il convient de reconnaître qu'aujourd'hui les charbons de ces provenances n'entrent que pour

45 0/0, tout au plus, dans la consommation de la plupart des usines, et que le surplus est fourni par des charbons anglais, dont 1/5e au plus arrive par eau au port de Rouen et dont le surplus arrive en gare de Maromme par le chemin de fer de l'Ouest.

Sans doute, il est permis de penser que l'ouverture du chemin d'Amiens, par la rapidité qu'il pourra apporter dans les moyens de transport pour les charbons du Nord, du Pas-de-Calais et de la Belgique, par l'économie qu'il permettra de réaliser sur les prix de ce transport, surtout pour les charbons français, (car il est difficile d'admettre que ce chemin puisse rendre les charbons belges à Rouen au prix où peut les établir la navigation par les canaux), aura pour effet d'accroître, dans de certaines limites, la proportion dans laquelle ces charbons entreront à l'avenir dans la consommation par rapport aux charbons anglais; il n'est pas présumable, toutefois, que cette proportion dépasse la moitié de la consommation totale, car il ne faut pas perdre de vue que, pour la majeure partie des établissements de la vallée, notamment pour l'industrie de l'indienne, les charbons à grande puissance calorifique, c'est-à-dire les charbons anglais, seront le plus souvent préférés, et d'ailleurs, la concurrence aura pour conséquence d'abaisser et le prix d'achat et les prix de transport des charbons anglais, ce qui tendra à ce que ceux-ci restent maîtres du marché pour la moitié de la consommation totale que l'on peut évaluer, non pas seulement à 27,750 tonnes, comme le font les auteurs du projet, mais bien à 44,000 tonnes.

D'un autre côté, il faut considérer que le chemin de fer de Rouen à Maromme ne pourra pas profiter de la totalité des charbons français ou belges devant alimenter la vallée. Une partie, en effet, lui échappera par l'embranchement de Grand-Parc sur Clères pour arriver en gare à Maromme; quant à la portion de ces charbons, qui viendra par bateaux, une partie encore échappera au chemin de fer de Maromme qui n'offrira plus, pour ces charbons, la facilité de les rendre dans la vallée sans transbordement, et ne présentera plus, dès-lors, d'avantage sur les charrois par terre.

En effet, le tarif qu'entendent appliquer les auteurs du projet est de 20 centimes par tonne et par kilomètre (1); mais, pour que les charbons ne soient grevés que de ce prix de transport, il faudra qu'ils ne nécessitent pas de frais de chargement au départ de Rouen et qu'à l'arrivée à destination ils puissent être rendus directement dans l'usine sans frais de déchargement et de camionnage.

Or, cette condition favorable, on verra plus loin dans quelles limites

---

(1) Les soumissionnaires du chemin de fer projeté ont compris que le prix de 20 centimes par kilomètre et par tonne par eux admis dans leurs évaluations du trafic était un prix impossible pour l'industrie, et ils se sont efforcés de répondre aux critiques faites à ce sujet à leur projet, que ce prix était un prix moyen qui serait nécessairement abaissé pour le transport des matières premières et surtout pour les charbons. Mais si ce prix de 20 centimes est un prix moyen, il donne à supposer, qu'en même temps que certaines marchandises peuvent être transportées à un prix inférieur, d'autres doivent l'être à un prix plus élevé.

Or, si les chemins de fer peuvent être considérés comme un progrès, ce n'est qu'à la condition de pouvoir rendre les transports plus économiques.

Peut-il en être ainsi d'un chemin de fer qui doit établir la moyenne de ses prix de transport à 20 centimes par kilomètre ?

Evidemment non.

La moyenne des tarifs ordinaires des Compagnies ressort à peine à 10 centimes par tonne et par kilomètre et non pas à 20 centimes. Et chacun sait que des tarifs spéciaux pour les charbons abaissent le prix de transport de cette matière de 3 centimes 1/2 à 6 centimes par tonne et par kilomètre.

Que les plus petits parcours de 6 kilomètres, même, ne donnent droit qu'à une perception de 10 centimes par tonne et par kilomètre.

D'un autre côté, les chemins d'intérêt commun d'Alsace établissent les transports à 0,16 pour la première série, 0,14 pour la deuxième série, 0,10 pour la troisième série, 0,08, 0,07 ou 0,06 pour la quatrième série, 0,08 à 0,05 ou 0,04 pour la cinquième série, dans laquelle sont compris les charbons, suivant les parcours, prix encore réduits par les tarifs spéciaux.

Il y a loin, on le voit, de ces prix à ceux que se proposent de prendre les soumissionnaires, ou du moins à ceux qu'ils admettent comme la moyenne générale pour pouvoir établir que leur entreprise doit être profitable.

Si le chiffre de 20 centimes par tonne et par kilomètre est un chiffre exagéré de transport, pourquoi dès-lors le prennent-ils pour base de l'évaluation de leurs produits ? Si ce chiffre doit être abaissé pour les matières premières qui seront la base principale de leur trafic, que deviennent leurs évaluations ?

restreintes, ne se rencontrera que pour huit à dix usines, qui pourront se relier facilement, par des embranchements particuliers, au chemin de fer. Quant aux 30 autres usines de la vallée, elles ne pourront jouir de cet avantage, soit parce qu'elles sont trop éloignées de la ligne de fer, soit parce qu'elles auraient à traverser, pour y accéder, des propriétés particulières et souvent des propriétés bâties, sur lesquelles elles ne pourraient obtenir le droit de passage, ou ne l'obtiendraient qu'à des conditions trop onéreuses.

Tous les charbons qui arriveront pour ces dernières usines et qui auront été pris au quai de Rouen auront donc à supporter, outre le prix de transport de 20 centimes par tonne et par kilomètre, les frais de déchargement, qu'on ne peut évaluer à moins de 50 centimes par tonne, et les frais de camionnage, qui seront de 1 fr. par tonne, soit en tout 1 fr. 50 par tonne, ce qui, pour un parcours moyen de 5 kilomètres, donne le chiffre de 30 centimes par tonne et par kilomètre à ajouter au prix de transport de 20 centimes, soit, au total, 50 centimes par tonne et par kilomètre.

On remarquera qu'il n'a pas été tenu compte des *frais de chargement*, parce que ces frais existeront aussi bien pour les charbons pris à quai et transportés par le chemin de fer que pour ceux qui le seront par terre.

Si, maintenant, on considère que le transport des charbons par terre se fait à raison de 95 centimes et de 1 fr. par voiture de 675 kilog. de Rouen à Déville (distance de 5 kilomètres), et de 1 fr. 25 de Rouen à Maromme (distance de 6 kilomètres), pour la même unité ; que ces prix, ramenés à l'unité par tonne et par kilomètre, ressortent seulement à 28 et 29 centimes (1), et que, pour ce prix, les charbons sont

---

(1) Les prix ci-dessus indiqués pour les charrois par terre sont ceux réellement perçus par les entrepreneurs de charrois qui desservent la vallée, mais il n'ont rien que de normal, car tout le monde sait que le prix moyen de transport par terre ne ressort qu'à 20 centimes par tonne et par kilomètre en roulage ordinaire. *Ce fait est constaté dans l'Exposé des motifs de la loi sur la Police du roulage.* (Voyez *Bulletin des Lois de 1851*, page 190. — *Loi sur la Police du roulage*).

rendus dans le centre même de l'usine, on voit que l'avantage reste entièrement au transport par terre, pour tous les charbons qui, partant des quais de Rouen, seront destinés à une usine qui ne se reliera pas au chemin de fer, comme on a vu que c'était le cas pour le plus grand nombre, puisque la voie de terre rendra à l'usine, pour 28 à 29 centimes par tonne, ce qui ne pourrait y arriver, d'après le tarif que s'appliquent les auteurs du projet, augmenté des frais de déchargement et de camionnage, qu'à raison de 50 centimes par tonne et par kilomètre pour tous les établissements industriels qui ne se rattacheront pas à la voie par un embranchement, et ce sera le cas de la presque généralité des établissements.

Et, d'ailleurs, pour les fabriques qui, plus favorisées, pourraient, par suite de leur proximité de la voie, se relier au chemin de fer, il ne faut pas perdre de vue que ce raccordement ne pourra être réalisé qu'au moyen d'une dépense assez considérable, dont le renouvellement, l'entretien et l'intérêt doivent être mis à la charge de la marchandise.

La dépense d'établissement de la voie de raccordement, en effet, ne coûtera pas moins de 6,000 fr. pour les usines qui aboutissent directement au chemin de fer, et sera plus élevée pour celles qui en sont éloignées de plusieurs centaines de mètres.

Or, l'intérêt, l'entretien et le renouvellement de cette voie de raccordement entraîneront à une dépense annuelle de 900 fr., ce qui, pour une consommation moyenne de 700 tonnes de charbon par usine, donne une dépense de 1 fr. 20 par tonne, comme frais accessoires de transport, auxquels il faut encore ajouter 30 centimes de frais de déchargement à l'arrivée à l'usine, ce qui est exactement l'équivalent des frais de camionnage et déchargement que l'on a vus être à la charge de la marchandise pour les usines ne se raccordant pas au chemin de fer par un embranchement (1).

---

(1) Dans l'intérêt du chemin projeté, on a prétendu que la possibilité de faire arriver directement les charbons du Nord aux usines de la vallée de Maromme, sans rompre

Les considérations qui viennent d'être exposées, à savoir : d'une part, la direction par Grand-Parc et Clères ; d'autre part, les arrivages des charbons par bateaux, dont le chemin projeté ne pourra transporter avec avantage qu'une faible partie, ne permettent pas d'évaluer à plus de la moitié des charbons français et belges entrant dans la consommation de la vallée, la portion qui pourra vertir au profit du trafic du chemin de fer de Maromme.

Or, on a vu que les charbons français et belges ne devaient entrer que pour 20,500 tonnes dans la consommation totale ; c'est donc seulement la moitié de cette quantité, ou 10,250 tonnes, que peut s'appliquer le chemin de fer.

Nous sommes loin, on le voit, de l'économie de 50 0/0 sur le transport des grosses matières, et de celle de 70 à 80 0/0 sur celui des produits sortant des établissements, que les auteurs du projet

---

charge, présenterait une économie considérable sur les frais accessoires de transport. Il est bon de voir ce qu'il y a de sérieux dans cette allégation.

Il est vrai que les charbons déchargés à Rouen pour être rechargés sur voiture, donneront lieu :

1° Pour frais de gare et déchargement. . . . . 0 fr. 50 par tonne.
2° Pour frais de *pesage* et *chargement* sur voiture. 0   50   —
3° Frais de transport par terre de Rouen à Déville (moulin à plomb). 1   40   —

Total par tonne. . . . . . 2 fr. 40

Mais voyons quelles seront les conditions faites à la marchandise dans les cas les plus favorables à un transport par voie de fer, c'est-à-dire sans transbordement et avec embranchement sur l'usine.

On a dans ce cas à la charge de la marchandise :

1° Droit de transit. . . . . 0 fr. 40 par tonne.
2° Prix de transport (4 kilomètres). 0   80   —
3° Déchargement et pesage à l'arrivée. 0   50   —
4° Intérêt, entretien, renouvellement de la voie de raccordement. 1   20   —

2 fr. 90

D'où une différence de 50 centimes par tonne à l'avantage du transport par terre dans les circonstances les plus favorables à l'emploi de la voie de fer. Cette différence s'accroît encore de 30 centimes s'il s'agit de charbons pris à quai ; c'est à dire provenant des bateaux.

prétendent devoir être la conséquence de l'établissement du chemin de fer de Maromme.

Sont-ils plus dans le vrai en ce qui concerne la célérité de ces mêmes transports? Évidemment non. Car, pour les marchandises, ce qu'il importe d'apprécier, ce n'est pas la durée du temps dans lequel la marchandise effectuera son parcours sur les rails, mais bien celle qui s'écoulera entre la livraison de la marchandise au chemin de fer et sa remise au destinataire. Or, la loi du 12 juillet 1865, par son article 4, soumet les chemins de fer d'intérêt local aux prescriptions des lois et arrêtés réglementant la police des chemins de fer, et l'arrêté ministériel du 15 avril 1859, qui fixe les délais de transport, accorde vingt-quatre heures pour la transmission d'une ligne à l'autre; il faut remarquer que ce délai est presque toujours employé dans la pratique par la Compagnie cédante; — que l'autre Compagnie doit réexpédier les marchandises le lendemain de la remise; — que le délai accordé pour le transport des marchandises qui nécessitent un chargement est de vingt-quatre heures, non compris le jour de la remise et celui de la livraison; — que cette perte de temps est surtout sensible à cause du court trajet à effectuer par la marchandise, dans l'espèce.

Les auteurs du projet, dans leur exposé, ne déclarent en aucune façon renoncer aux délais que la loi et les règlements accordent aux chemins de fer en général. Il est donc bien évident que le transport par terre, entre Rouen et Maromme, qui n'est qu'un camionnage non soumis à ces délais et qui ne les revendique pas, procurera, pour le moins, autant de célérité, si non plus, que le transport par voie de fer, entre Rouen et Maromme.

On a vu à quel chiffre il convient de réduire les charbons qui pourront user du chemin projeté. Il y a lieu d'examiner si les auteurs du projet sont plus dans le vrai en ce qui concerne les matières premières et les marchandises fabriquées.

Sur ce point encore il est permis de répondre négativement.

On sait, en effet, que les cotons bruts, arrivant tous par Maromme, échapperont en totalité au chemin de fer projeté.

4

Il en sera de même des calicots destinés à l'impression, qui, devant être pris dans les magasins des commissionnaires pour être dirigés sur l'usine, auront plus d'avantage à l'être, comme aujourd'hui, par la voie de terre.

Pour les mêmes raisons, les cotons filés et les indiennes continueront à être transportés directement de l'usine dans les dépôts de Rouen ; car, pour la plupart des usines, le transport par voie de fer donnerait lieu à un double camionnage et à une quadruple manutention qui augmenterait encore le prix de revient total du transport indiqué pour les charbons pris à quai, et, pour les usines même les plus favorisées, c'est-à-dire se reliant à la voie de fer, ces marchandises resteraient soumises au moins à un camionnage et à un double déchargement qui, on l'a vu, augmente de 30 centimes par tonne et par kilomètre le prix du tarif du chemin de fer déjà fixé à 20 centimes.

Il en sera de même et à bien plus forte raison pour les produits chimiques de nos principaux établissements de Quevilly et Eauplet, qui ne pourront être confiés au chemin de fer projeté, sans augmenter leur prix de transport, et surtout les chances déjà si nombreuses d'avaries.

Quant aux bois de teinture qui sont pris ou à quai, ou dans les magasins du commerce de place, ils ne sauraient être confiés au chemin de fer sans accroître le prix de leur transport qui, s'il revient aujourd'hui, par terre, à 40 centimes par tonne et par kilomètre, comme matière plus encombrante, ressort cependant à un prix moindre que le transport par voie de fer augmenté des frais de déchargement, de camionnage. Aussi, la plus forte partie des 3 à 4,000 tonnes qui alimentent les usines, qui travaillent ces bois dans la vallée, échappera-t-elle au trafic du chemin de fer projeté ?

Les garances et bois de teinture en poudre ou en copeaux sont enlevés dans les magasins des détenteurs de ces denrées sur la place. Le chemin de fer ne peut donc compter sur ce trafic, qui entraînerait un double camionnage.

Quant aux minerais et métaux bruts alimentant l'usine de MM. La-

veyssière et Cᵉ, à l'exception de 1,000 tonnes environ qui sont dirigées
sur les fabriques de produits chimiques d'Eauplet et de Quevilly, ou
viennent de ces établissements vers l'usine, et qui consistent en un
échange de plombs neufs contre des plombs vieux, et qui, par suite,
seront transportés avec plus d'avantage par la voie de terre, qui les
transporte directement d'une usine à l'autre; à l'exception aussi des
plombs et cuivres qui, en destination des magasins de Rouen, donne-
raient lieu à un double déchargement et à un camionnage qui rendraient
leur transport par voie de terre plus onéreux que le transport direct
de l'établissement chez l'acheteur, le surplus du mouvement qu'occa-
sionne le moulin à plomb se fait par la gare de Maromme et n'aban-
donnera cette voie que pour la minime partie des métaux ouvrés, qui
pourrait être destinée pour le Nord.

Résumant les considérations qui précèdent, on voit qu'en ce qui
concerne le transport des charbons, le chemin projeté ne pourra compter sur une quantité supérieure à . . . . 10,250 tonnes.

Qu'en ce qui concerne les matières premières et
les marchandises fabriquées, la presque totalité doit
échapper au chemin de fer, et que c'est certainement
lui faire une part très large que d'admettre qu'il
pourra en transporter le quart du trafic constaté
pour la vallée, soit 9,000

Ce qui réduit le trafic total, sur lequel peut compter le chemin de fer, à un chiffre de . . . . . . 19,250 tonnes
au lieu de 63,730 tonnes que s'attribuent les auteurs du projet.

§ II. — Voyageurs.

Si on passe au contrôle du trafic en ce qui concerne le transport
des voyageurs, on voit se reproduire, dans les appréciations, les
mêmes exagérations que pour les marchandises.

S'il est vrai qu'il soit aujourd'hui transporté par le service des Omnibus 300,000 voyageurs par an, il faut remarquer que ce chiffre n'est atteint que par des causes multiples : d'abord par la fréquence des départs qui ont lieu, au minimum, toutes les demi-heures en hiver, toutes les vingt minutes en été, de midi à six heures du soir dans les jours ouvrables, et, en tous temps, toutes les vingt minutes et parfois même tous les quarts-d'heure les jours fériés ;

Ensuite, par la facilité que procure ce service aux voyageurs en les prenant ou les descendant à la porte même de leur domicile; car il est à remarquer que le sixième seulement des voyageurs transportés part de la station de Maromme ;

Puis enfin, par la facilité donnée aux voyageurs d'user, sans augmentation du prix d'intérieur, du droit qu'ils ont à la correspondance, soit pour la rue Verte, soit pour Beauvoisine, soit pour le Jardin-des-Plantes et tout le quartier Saint-Sever, soit encore pour Sotteville.

La première de ces causes, celle de la fréquence des départs, a une influence très grande sur le mouvement des voyageurs. Lorsqu'il s'agit d'un parcours aussi court que celui de Rouen à Déville et à Maromme, on ne saurait croire combien de voyageurs échappent uniquement par ce qu'il faut attendre à la station plus de dix minutes le départ d'une voiture.

Or, à aucun de ces points de vue, le chemin de fer projeté ne peut donner au public les avantages que lui procure le service des Omnibus.

En ce qui concerne la fréquence des départs, en effet, le chemin projeté ne saurait s'y astreindre sans compromettre gravement ses intérêts, *et bien que sous le rapport du nombre de trains par lesquels les auteurs du projet s'obligent à desservir la ligne, leur exposé soumis à l'enquête soit complètement muet, ce qui est une lacune regrettable et même inexplicable,* l'importance du trafic entre Rouen et Maromme permet d'affirmer que le nombre des départs qu'effectuera le chemin de fer sera nécessairement très restreint.

En effet, le nombre des voyageurs aujourd'hui transportés par les

Omnibus ne donne, malgré tous les avantages inhérents à leur organisation, qu'une moyenne de 13 voyageurs 7/10e par course, en faisant entrer dans la composition de cette moyenne la circulation presque double des dimanches et fêtes.

Or, s'il est possible à un service de terre de faire ses frais avec un nombre aussi restreint de voyageurs par course, il ne saurait en être de même pour un train de chemin de fer.

Le chemin de fer projeté n'est pas appelé non plus à présenter plus d'avantage au point de vue de la durée du parcours, dans un trajet de 6 kilomètres, qui comportera trois stations intermédiaires et qui devra, en outre, franchir toute la partie longeant les quais à une vitesse qui, comme à Nantes, ne devra pas être supérieure à 5 ou 6 kilomètres à l'heure.

La vitesse maximum de 24 kilomètres à l'heure que ne pourra dépasser le chemin de fer en pleine marche arrivera à peine, en tenant compte des temps d'arrêt pour le départ et l'arrivée de chacune des cinq stations de la ligne et du ralentissement au moment du parcours le long des quais, à une moyenne de 12 kilomètres à l'heure, soit trente minutes pour le parcours total. — Or, aujourd'hui, les Omnibus font le trajet en trente-cinq minutes, en s'arrêtant devant chaque maison où ils ont à prendre ou laisser un voyageur.

En ce qui a rapport au prix de transport, l'avantage restera encore entièrement à la voie de terre.

Le chemin de fer, en effet, établit son tarif à six centimes par kilomètre, ce qui fait, *sans y comprendre l'impôt du dixième grevant la circulation des voyageurs et que les chemins de fer sont autorisés à ajouter au prix que leur accorde le cahier des charges :* 36 centimes pour le parcours total.

Or, les Omnibus ne perçoivent de Maromme à Rouen que 40 centimes à l'intérieur et 30 centimes à l'extérieur, soit en moyenne 35 centimes pour un parcours minimum de 6,300 mètres, mais qui se trouve porté à 7,300 mètres ou 8,300 mètres, ou même 9,300 mètres pour le voyageur usant de la correspondance pour la rue Verte ou

Beauvoisine, ou le Jardin-des-Plantes, ou même Sotteville; de telle sorte que le transport par les Omnibus ne ressort au maximum qu'à 5 centimes 1/2 par kilomètre, et ne revient, pour les voyageurs qui usent de la correspondance, qu'à 4 centimes 8/10ᵉ et même 4 centimes 1/10ᵉ pour ceux qui accomplissent le parcours le plus long qu'il leur soit donné le droit d'effectuer au moyen de la correspondance.

Lorsqu'on voit avec de tels avantages les Omnibus ne transporter que 300,000 voyageurs, est-ce sérieusement que les auteurs du projet s'attribuent 200,000 voyageurs?

Il est vrai qu'en admettant le chiffre de 300,000 voyageurs comme chiffre actuel du mouvement des voyageurs entre Rouen et Maromme, les auteurs du projet augmentent de suite d'un tiers ce chiffre en évaluant au nombre de 100,000 voyageurs ceux que ne peut transporter le service des Omnibus par suite de l'insuffisance des départs, surtout pendant la saison d'été.

Or, voilà sur ces faits la vérité que les auteurs du projet ignorent complètement et que l'exposant offre de prouver par la production du registre du mouvement des voyageurs de la Compagnie des Omnibus.

Pendant la saison d'hiver, il est offert aux public, en *10,846* départs, *260,304* places, dont 58 0/0 seulement, dimanches et fêtes compris, sont occupées.

Pendant la saison d'été, il est offert au public, en 13,636 départs, 327,264 places, dont 64 0/0 seulement, dimanches et fêtes compris, sont occupées.

Si on ne tient compte que des dimanches et jours fériées, il ressort que, ces jours là, le nombre de places occupées ne représente que 80 0/0 de celles offertes au public.

On le voit, les suppositions des auteurs du projet à l'égard de cette cause d'accroissement du mouvement des voyageurs ne reposent sur aucune base sérieuse.

On comprend, en effet, que, les dimanches et jours fériés d'été, les départs des Omnibus ayant lieu le plus souvent de quinze en quinze minutes dans les moments où la circulation est la plus active, la Compagnie des Omnibus ne laisse échapper que peu de voyageurs.

Les auteurs du projet admettent une nouvelle cause d'augmentation de 100,000 voyageurs, par suite d'une plus grande facilité de circulation, et des combinaisons économiques que procurera l'entreprise nouvelle; mais, on cherche en vain dans les détails du projet en quoi consisteront ces combinaisons de tarif économiques qui doivent avoir une si grande influence sur la circulation.

Quoi qu'il en soit, et pour faire la part des éventualités les plus favorables du chemin de fer projeté, on admettra provisoirement que la circulation puisse augmenter de 50,000 voyageurs, et que le chemin de fer, malgré le nombre nécessairement très limité de ses départs, malgré l'impossibilité où il sera de prendre ou descendre le voyageur en quelque sorte à domicile et sans déplacement, profitera du *quart* de la circulation totale dès lors élevée à 350,000 voyageurs; il en résulte que son trafic, au point de vue des voyageurs, ne s'élèvera qu'au chiffre de 87,500 voyageurs, ce qui est, certes, lui faire une part très large.

§ III. — PETITE MESSAGERIE.

Il est encore un point sur lequel les auteurs du projet ont commis une erreur grave, c'est celui relatif aux marchandises diverses et articles de petite messagerie, dont ils s'attribuent le trafic. Il convient de distraire complètement de leurs appréciations cet élément de leur trafic. Ces transports, en effet, sont faits aujourd'hui par les conducteurs des Omnibus moyennant un simple pourboire de 20 centimes qu'ils reçoivent ou du destinataire ou de l'expéditeur, et le produit de ces transports ne peut être évalué à plus de 1,000 fr par an.

Il n'est pas supposable que le chemin de fer puisse s'attribuer aucune partie de ce trafic; car, outre le port à lui payer, il y aurait encore à la charge de la marchandise un droit d'enregistrement de 10 centimes et un droit de factage d'au moins 25 centimes qui auraient pour résultat de quadrupler, pour le moins, le prix payé aujourd'hui pour ce petit trafic.

C'est donc, sous ce rapport, une somme de 16,400 fr. à déduire des appréciations de recettes énoncées dans le projet.

§ IV. — RÉSUMÉ DE L'IMPORTANCE DU TRAFIC DONT POURRA PROFITER LE CHEMIN PROJETÉ.

Voici donc en résumé quel sera, rationnellement évalué, le trafic du chemin projeté :

1º Charbons, par les considérations développées pages 19 à 24, 10,250 tonnes à 20 centimes par kilomètre, sur un parcours moyen de 4 kilomètres (1). . . . . 8,200 fr.

2º Matières premières et marchandises fabriquées, 9,000 tonnes (*voy.* p. 27) à 20 centimes par tonne et par kilomètre, pour un parcours moyen de 4 kilomètres (1). 7,200

15,400 fr.

3ª Voyageurs, 87,500 à raison de 6 centimes par kilomètre, pour un parcours moyen de 4 kilomètres 21,000

4º Articles de petite messagerie. . . . . néant.

Produit brut. . . . . . 36,400 fr.

(Soit un produit kilomètrique de 1,958 fr.).

DÉPENSES D'EXPLOITATION.

Si maintenant l'on passe à l'examen des dépenses d'exploitation, on voit que les auteurs, en même temps qu'ils ont exagéré les produits du trafic, ont singulièrement atténué les frais d'exploitation.

En effet, en admettant comme ils le prétendent une recette brute

---

(1) Il convient d'observer que si le tarif devait être abaissé, le résultat en produit brut devrait être diminué dans la même proportion, ce qui rendrait l'entreprise encore plus désastreuse.

de 115,384 fr., ce qui donne une moyenne par kilomètre d'environ 19,000 fr., ils évaluent la dépense à 42 0/0 de la recette.

Or, si sur ce point encore on consulte l'ouvrage déjà cité de M. Alfred Férot, on y voit (page 60) que pour les chemins qui produisent seulement de 15 à 20,000 fr. par kilomètre, la dépense doit être calculée à 52 0/0 de la recette; que pour qu'elle puisse n'être calculée qu'à 45 0/0, il faut que la recette s'élève de 25 à 30,000 fr. par kilomètre; mais que la proportion de la dépense à la recette s'élève au fur et à mesure que la recette kilométrique s'abaisse, de sorte que :

Avec une recette de 10,001 fr. à 15,000 fr. la dépense est de 50 0/0
— de 8,001 à 10,000 — 63 0/0
— de 6,001 à 8,000 — 75 0/0
— de 6,000 et au-dessous — 76 0/0 à
100 0/0 ou peut-être plus.

Les dépenses ci-dessus relevées sont calculées par l'auteur pour un chemin d'intérêt local et pour un service de jour, car, dit-il, le service de nuit ne paraît pas admissible avec l'économie qui doit présider à l'Administration de l'exploitation des chemins de fer d'intérêt local.

RÉSULTATS DE L'EXPLOITATION.

En résumé, pour apprécier sainement les résultats du chemin projeté, il faut considérer que le trafic évalué par les auteurs du projet à 115,384, fr. doit être ramené, au maximum, au chiffre de 36,400 fr.

Que dans ces conditions, les dépenses d'exploitation doivent être calculées à 75 0/0 de la recette, au minimum, et s'élever à la somme de. . . . . . 27,300 fr.

Que le capital à amortir en quatre-vingt-dix ans n'étant plus seulement de 940,000 f., mais comme on l'a vu (page 17) de 976,000 fr., le chiffre annuel de l'amortissement à ajouter aux dépenses, est de . . . 10,900

} 38,200

D'où résulte une insuffisance de produits bruts de. . . 1,800 fr.

5

Ainsi, non-seulement les capitaux engagés dans cette exploitation seraient complètement improductifs d'intérêts, mais il ne serait même pas possible de faire face au service complet de l'amortissement.

CONCLUSION.

Ces résultats sont-ils de nature à faire déclarer comme étant d'utilité publique le chemin de fer projeté ? L'exposant ne le pense pas. Aussi, par tous les motifs développés plus haut, proteste-t-il contre la déclaration du chemin projeté, de Rouen à Maromme, comme étant d'utilité publique ; ce chemin, en effet, ne réunit aucune des conditions susceptibles de lui donner ce caractère ; de plus, son exploitation n'est appelée à donner que des résultats négatifs, et son établissement est, par suite, de nature à compromettre les capitaux auxquels il pourrait être fait appel pour sa construction et son exploitation, danger qu'il est du devoir de l'Administration de prévenir. (1)

Si cependant ce caractère d'utilité publique pouvait être reconnu au

(1) Il est vrai que pour aller au-devant de cette dernière objection, les promoteurs de l'entreprise projetée allèguent que l'on n'a pas à se préoccuper du sort qui attend les capitaux qui seront engagés dans cette exploitation, puisque les soumissionnaires ne sollicitent aucune subvention du département.

Mais il ne faut pas perdre de vue qu'ils demandent l'autorisation de s'établir gratuitement sur les voies publiques auxquelles, par suite, serait imposée une servitude excessive et, qu'en outre, leur entreprise est destinée, comme toutes celles de même nature, à faire appel, pour sa création, aux capitaux étrangers que le département a pour mission de ne pas laisser s'engloutir dans des opérations hasardeuses, lorsqu'il s'agit d'une entreprise ayant un caractère d'intérêt public, et qui ne peut être constituée qu'à la condition d'aliéner une portion du domaine public et privé.

Il faut, enfin, considérer que le chemin projeté ne peut être établi qu'à la condition de donner lieu à une expropriation pour cause d'utilité publique, pour tous les terrains nécessaires d'abord au rélargissement, puis au prolongement du chemin d'intérêt commun n° 66, sur une largeur plus grande que celle normale ; et que l'expropriation ne doit être autorisée que pour un intérêt public important et non contestable qu'on ne rencontre pas dans l'espèce.

chemin de fer dont il s'agit, l'exposant s'oppose avec la plus vive ins-
tance, à ce qu'il soit établi dans les conditions de l'avant-projet soumis
à l'enquête, comme présentant *des inconvénients publics et particuliers
des plus graves,* et il demande que, si sa construction devait être autorisée, ce ne soit qu'à la condition d'être établie sur une voie spéciale
et particulière, ou tout au moins, que, si ce chemin de fer est autorisé
à emprunter la voie de terre, il en soit isolé par une clôture pleine, de
3 mètres de hauteur, dans toute la partie de la route impériale, que
seront appelés à suivre concurremment et les trains du chemin de
fer et les services publics de l'exposant, et les voitures particulières.

Il proteste enfin contre l'établissement des deux passages à
niveau, l'un à la hauteur de l'avenue de la Madeleine, l'autre à la
hauteur du chemin d'intérêt commun nᵒ 66, parce que ce double
passage à niveau est de nature à apporter un trouble considérable
dans le service public qu'il exploite en compromettant la régularité
des correspondances, combinaison sur laquelle repose un des principaux éléments de son trafic. Il rappelle que le service des Omnibus,
de Rouen à Maromme est, lui aussi, un service d'intérêt public, dont
les avantages ne sont pas hypothétiques, mais établis par une expérience de dix années, et qu'il serait injuste de sacrifier au seul profit
d'une nouvelle entreprise, qui ne pourra jamais, au point de vue de
la circulation des voyageurs, procurer au public les facilités qu'il
trouve dans l'exploitation actuelle des Omnibus, tout en n'offrant
aucun avantage sérieux au point de vue du transport des marchandises.

L'exposant fait d'ailleurs les protestations qui précèdent, sous
toutes réserves que de droit, pour le cas où il n'y serait pas donné satisfaction.

Rouen, le 1ᵉʳ Mars 1866.

FAUCHET.

PROTESTATION ADDITIONNELLE INSCRITE SUR LE REGISTRE D'ENQUÊTE AU MOMENT DU DÉPOT.

Je soussigné, Gérant de la Compagnie des Omnibus *les Rouennaises*, dont le siége est à Rouen, crois devoir ajouter à la protestation dont je viens de faire le dépôt, les considérations suivantes qui m'ont été suggérées par la communication que je viens de prendre, sur le registre d'enquête, du dire consigné au nom de la Compagnie de l'Ouest, par l'ingénieur de cette Compagnie, M. J. de Coësne, et qui tendrait à ne reconnaître l'utilité publique du chemin de fer projeté, qu'à la condition que le projet sera modifié pour se raccorder à la ligne du Havre selon un projet sommaire qu'il indique.

Je déclare faire toutes mes réserves contre la combinaison mise en avant, et qui ne saurait être admise qu'après avoir été, elle-même, soumise à une enquête spéciale.

Je crois, toutefois, dès à présent, devoir faire remarquer qu'il résulte des constatations faites dans lesdites observations que, dans les considérations que j'ai eu l'honneur de mettre sous les yeux de la Commission d'enquête, j'ai très certainement exagéré le trafic qui pourra profiter au chemin de fer de Rouen à Maromme en le portant à 19,250 tonnes. Il ressort, en effet, des observations présentées par M. de Coësne, que la gare de Maromme comporte pour la vallée un trafic d'au moins 45,000 tonnes, qui ne saurait lui échapper par suite de l'établissement du chemin projeté. Or, si on distrait ces 45,000 tonnes des 67,730 que les auteurs du projet soumis à l'enquête indiquent comme étant le trafic total de la vallée, il ne reste que 18,730 tonnes, dont il faut bien reconnaître qu'une forte partie échappera au chemin projeté par les considérations émises dans la protestation dont j'ai fait le dépôt.

Je proteste également contre l'opinion émise dans les observations présentées par l'ingénieur de la Compagnie de l'Ouest, que l'établissement du chemin projeté sur les différentes voies de terre qu'il doit suivre n'aurait aucun inconvénient pour la sécurité publique, du moment où la vitesse ne serait pas supérieure à 24 kilomètres à l'heure, et où le sifflet d'avertissement serait remplacé par une cloche d'alarme.

Il faut remarquer, en effet, quant à la vitesse, que là où les chemins de fer empruntent, en France, la voie de terre, et ces cas sont excessivement rares, ce n'est, à l'exception du chemin de fer de Nantes à Saint-Nazaire, que pour relier les quais aux gares de marchandises et à la condition de ne faire qu'un nombre de départs très restreint dont les heures sont combinées avec les moments où le travail des quais est interrompu ou moins actif ; que, dans tous les cas, la vitesse autorisée n'est que celle d'un piéton, et qu'enfin le train doit être précédé par deux avant-courriers, l'un se tenant à une certaine distance en avant de la machine, et l'autre près de celle-ci, qui ont pour mission de faire dégager la voie pour le passage du train ; que la substitution de la cloche au sifflet d'avertissement ne suffirait pas pour faire disparaître les dangers de la marche parallèle des trains et des voitures de terre, parce que ce n'est pas seulement le sifflet d'alarme qui est une cause de frayeur pour les chevaux, mais aussi, et surtout, l'échappement de la vapeur et celui de la fumée, ainsi que le bruit, comme l'aspect du train lui-même.

C'est aussi le cas de tenir la commission d'enquête en garde contre certaines allégations qui tendraient à établir que la communauté de la voie de fer et de la voie de terre, que l'on demande pour le chemin projeté, existe dans plusieurs localités en France, et contre la citation faite tout récemment, pour exemple, d'un chemin de fer empruntant la voie de terre pour la suivre dans son parcours : le chemin de fer de Lyon à la Croix-Rousse.

Je suis en mesure d'affirmer que le fait est inexact. Le chemin de fer de Lyon à la Croix-Rousse est tout-à-fait indépendant, et n'emprunte en aucune façon les voies de terre qui l'environnent. Ce renseignement m'est fourni par une lettre que je reçois à l'instant même de Lyon en réponse à une demande de renseignements sur ce point.

J'observe, enfin, que s'il est vrai que la combinaison proposée par la Compagnie de l'Ouest assurerait au chemin de fer projeté un transport de 45 à 50,000 tonnes, qui lui échappera forcément avec le projet tel qu'il est conçu, il y a lieu de considérer que ce supplément de trafic ne peut profiter au chemin projeté qu'à la condition d'établir sur une longueur d'au moins 1,500 mètres une voie de raccordement, dont le profil devra présenter une pente de 2 centimètres par mètre pour racheter la différence de 30 mètres de niveau existant entre la station à Maromme du nouveau chemin et la voie de fer du Havre; que cette voie de raccordement, qui devra être établie sur un terrain spécial, être construite pour la plus grande partie en remblais considérables, traverser une gorge profonde, n'entraînerait pas, à cause des indemnités de terrain à payer et des terrassements importants, qui seraient la conséquence de ce raccordement, à une dépense moindre . de 300,000 fr. par kilomètre, soit pour 1,500 mètres 450,000 fr. Il faut considérer, enfin, que cette dépense considérable que la Compagnie de l'Ouest entend mettre à la charge du chemin projeté ne serait pas compensée par le trafic qu'elle assurerait à ce dernier des 45 à 50,000 tonnes qui aujourd'hui s'arrêtent à Maromme, parce que ce trafic ne lui profiterait que sur un parcours trop restreint, pour couvrir l'intérêt et l'amortissement du capital engagé dans l'établissement de cette voie de raccordement.

Je déclare faire toutes réserves pour le cas où il pourrait être donné suite par la Commission d'enquête à cette nouvelle combinaison, qui devra être l'objet d'une enquête spéciale.

Rouen, le 1er mars 1866.

FAUCHET.

Rouen. — Imp. de H. BOISSEL rue de la Vicomté, 55.

www.ingramcontent.com/pod-product-compliance
Ingram Content Group UK Ltd.
Pitfield, Milton Keynes, MK11 3LW, UK
UKHW021647090726
13657UKWH00004B/1813